LES

VEILLÉES

D'UN

FOUTEUR.

Honneur! honneur à tout fouteur

LES VEILLÉES D'UN FOUTEUR,

ORNÉES DE 12 FIGURES GRAVÉES,

DÉDIÉES A LA FOLIE;

PAR ......

Se trouve chez Vénus à Bagatelle.

Imprimerie

DE MADAME ON FOUT, AU COQ CHATRÉ.

1832.

INTRODUCTION.

Mes chants que j'ai faits pour vous plaire,
Et qui vont vous être soumis,
Sont de nature assez légère.

Vous allez juger, mes amis,
Et m'excuser si l'on a su mieux faire.
Ils roulent sur les dieux, que tous nous adorons,
Les culs, les tétons de nos belles,
Les vits, les couilles et les cons,
Et les putains et les bordelles,
Et la grisette encore plus drôle qu'elles.
Si feu Piron, que j'ai bien imploré,

D'un tel ouvrage a béni l'arrivée.
Un sort heureux nous est donc réservé,
Nous avons la vogue assurée !

Fouteurs ! fouteuses réunies,
O vous qui des cons et des vits
Usez jusques à perdre haleine,
Menez ces chansons près de vous
Et qu'elles ayent pour but de vous mettre en veine !
Un couplet vous invite à foutre quelques coups !
Remerciez-moi de la peine.

LES
VEILLEES
D'UN
FOUTEUR,

DÉDIÉES A LA FOLIE.

HYMNE AU CON.

Air : *Le Vin par sa douce chaleur,*
(Du Solitaire.)

Chœurs de fouteurs.

Le con par sa douce chaleur

Rend un vit chaud comme braise , (*bis*)

Plus on a baisé plus on baise.

Honneur ! honneur !

A tout fouteur.

La Bible dit tout le contraire ;

Mais croyez bien en vérité

Que la pomme du premier père
Était le con de sa moitié.

Chœur.

Le con par sa douce chaleur, etc.

Qu'en chaire tonne la calotte,
Je m'en fous ! et toujours je dis :
Des culs, des tétons, une motte,
Sont mes dieux et mon paradis.

Chœur.

Le con par sa douce chaleur, etc.

A Rome, de vieux imbécilles,
Pour le christ, se faisait rotir ;

Mais nous plus fins et plus habiles,
Des culs nous avons le martyr.

Chœur.

Le con par sa douce chaleur, etc.

D'ailleurs, je respecte ma mère
Autant qu'un aimable tendron,
D'un con je suis sorti j'espère
Et j'irai mourir dans un con !

Chœur.

Le con par sa douce chaleur,
Rends un vit chaud comme braise , (*bis*)
Honneur ! honneur !
A tout fouteur.

H...

TABLEAU D'UN JOUR DE NOCE.

Air : *Oui je l'avouerai sans détour,*
(Gastronome sans argent.)

Vrai , je vous le dis sans détour,
J'aime ce jour
De foutrie et d'amour,
Où chacun heureux
Joyeux ,
Boit , mange , rit et fout à qui mieux , mieux.

Dès le matin chacun s'apprête ;
Lavé , frisé du cul jusqu'à la tête,

La mariée surtout a le soin

De s'nétoyer jusqu'au plus petit coin.

L'heure sonne, on part

La plupart,

Blaguant,

Bandant,

Et souvent,

Déchargeant,

Car des minois frais et jolis

Sont tout exprès pour allumer des vits.

On unit les deux

Amoureux,

Puis un sermon

Répété bel et bon,

Est adressé par le curé

Qui s'creve de rire quand il l'a digéré.

A table

On se met,

Puis on fait

D'un air aimable

De mauvais calembourgs,

Et toujours

Le garçon d'honneur

Donne

A la bonne

Un cadeau de fonteur.

On danse,

On s'panse,

On boit, on rit,

Chacun divague

Et blague

Femme et mari.

Puis des cancans

Bien innocens

En dessous main partent

De temps en temps.

Minuit sonne,

Et la bonne

Maman,

D'un signe de tête,

Pour n'pas troubler la fête,

Apprend alors à son enfant

Qu'ell' peut aller

S'faire piner

A présent.

Elle embrasse amis et voisins,

Ses grands parens, surtout son p'tit cousin.

Le papa la bénit

Et rit,

Et la maman

Lui dit tout doucement :

« Rose, pars maintenant, ton mari est un peu
dans la vigne du seigneur et il ne s'apercevra pas.

« — Mais ma mère! — Allons! ma fille, c'est pour votre bonheur, ne faites pas l'enfant...... j'ai passé par là et je n'en suis pas morte. — Et s'il allait s'apercevoir que c'est déjà écorné. — Serre les cuisses et surtout n'oublie pas ta vessie de poulet que tu crèveras sur ta chemise en poussant un cri. — Mais enfin ma mère! — Allons, Madame, il ne fallait pas vous laisser enfoncer par votre cousin. D'ailleurs, il m'en était arrivé autant et votre respectable père n'y a vu que du feu. (*On crie.*) — La voiture de madame la mariée. — Adieu! mes enfans; ménagez-là, mon cher gendre! »

Ah! je l'avouerai sans détour ,

   J'aime ce jour

  De foutrie et d'amour;

Où chacun content et joyeux

Boit, mange, rit et fou à qui mieux mieux.

A. de C.

VITE UN COUP D'POIGNET.

CHANSON MORALE.

AIR : *Heureux habitans des beaux vallons de l'Elvétie.*

Vite un coup d'poignet,

C'est la devise de Nanette,

Vite un coup d'poignet,

Un coup d'poignet

C'est sitôt fait ;

Et quoi qu'on ait dit

Q'branler un vit

N'soit pas d'défaite,

Moi, j'soutiens Jann'ton

Qu'aujourd'hui c'est l'suprême bon

On nous jette des sorts,
Les vits sont morts,
Faut qu'on s'abime,
Pour d'la frime, hélas !
Hélas !
Les hommes s'y connaissent et n'rendent pas ;
D'ailleurs voyez-vous
Quand on a fini son affaire,
Ma chère,
Entre nous,
On n'a pas volé ses trente sous.

Vite un coup d'poignet,
C'est la devise de Nanette,
Vite un coup de d'poignet,
Un coup de d'poignet
C'est sitôt fait ;
Et quoique qu'on ait dit
Qu'branler un vit

N'soit pas d'défaite,

Moi, j'soutiens, Jann'ton,

Qu'aujourd'hui c'est l'suprême bon ton..

Un homme abruti,
C'est fini,
N'peut sentir grand chose;
Pour l'ravigotter,
L'fouetter,
Ç'a commence à m'embêter;
D'ailleurs un vieux cu,
Vois tu,
C'est qu'ça n'sent pas la rose,
Aussi maintenant,
Moi, je répète à tout venant :

Vite un coup d'poignet,
C'est la devise de Nanette,
Vite un coup d'poignet
Un coup d'poignet
C'est sitôt fait.

Les Bembocheurs.

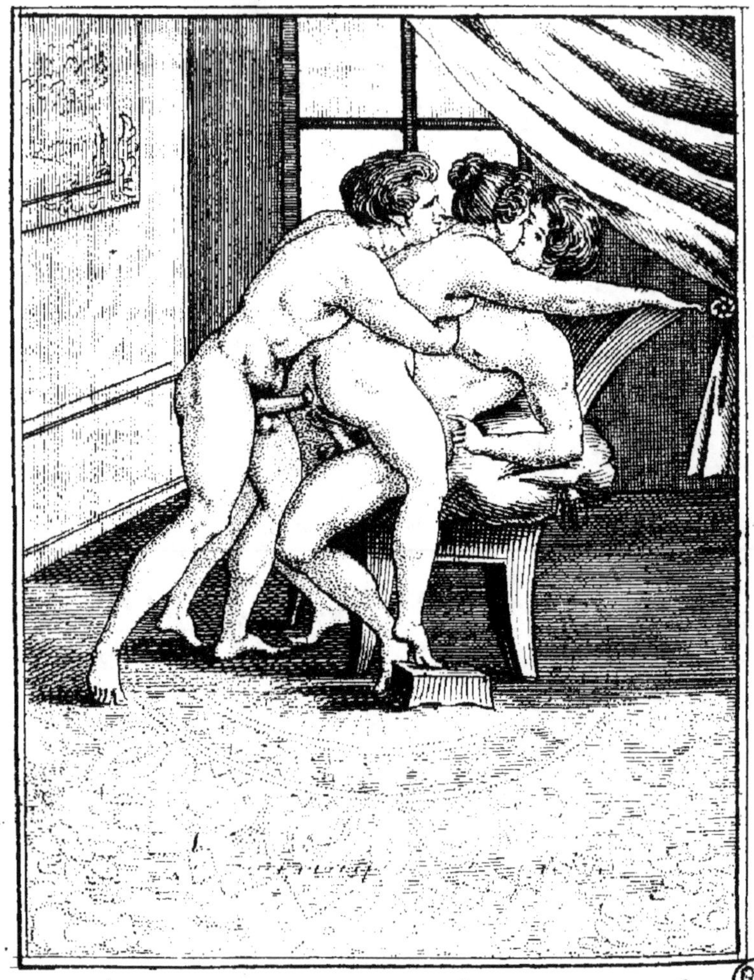

On nous disait: Foutez en fesse,
nous avons dit : Foutons en con!

LES BANBOCHEURS,

(Imitation libre de la Parisienne.)

AIR : *de la Parisienne.*

Vous ennemis du trou qui vesse,
Vénus a r'ouvert ses boxons ;
On nous disait : foutez en fesses !
Nous avons dit : foutons en con :
Rassemblons les gouines éparses ,
Vivent les gueuses et les farces,

    En avant , courtons !
    Défonçons les cons !

A grands coups de culs , de pine , de tétons ,
Faisons cramper les garces,   (*bis.*)

Les salopes court les rues ,

Et de leur vagin éraillé ,

Avec le pus de leurs menstrues

Découline le sang caillé ,

Léchons-en les gouttes éparses.

Vivent les gueuses et farces.

    En avant courtons !

    Défonçons les cons !

A grand s coups de culs , de pine , de tétons ,
    Faisons cramper les garces.   (*bis.*)

Vieux limiers du trou que j'honore ,

Feu Piron , toi qui l'a chanté.

Le foutre jaillirait encore ,

De tes couillons ressuscité ,

Rassemblant tes OEuvres éparses ,

Tu t'écrirai : vivent les farces ,

    En avant, courtons !

    Défonçons les cons !

grands coups de culs , de pine , de tétons ,
Faisons cramper les garces ,   (*bis.*)

a vérole en vain nous dévore ,
lle échauffe nos vits bandans ,
ous les cons , voyez foutre encore
es vieux vérolés de vingt ans.
assemblons les gouines éparses.
ivent les gueuses et les farces.

En avant , courtons !

Défonçons les cons !

grands coups de culs, de pine , de tétons
Faisons cramper les garces.   (*bis.*)

ui toujours nous sera propice ,
ui conduit nos vits au bon trou ,
est le dieu de la chaude-pisse,
est le vieux priape aux poils roux ,
assemblons les gouines éparses.

Vivent les gueuses et les farces ,

En avant , courtons !

Défonçons les cous !

A grands coups de culs , de pine , de tétons ,

Faisons cramper les garces.   (*bis.*)

Marlous ! sur le flanc de vos rosses ,

Vous qui crevez comme des chiens ;

Puisqu'aux enfers on fait des noces ,

Crevez donc vite et crevez bien.

Rassemblez vos forces éparses ;

Mourez en raccontant vos farces ,

Et que de Plutons ,

La noire Gothon

Vous suce la pine et vous branle un rouston ;

Martyrs du cul des garces.

LA NUIT DES NOCES.

Air : *Vive la Lithographie.*

Maman, faut que j'vous raconte
Comm' mon mari s'est conduit,
Il m'a fait mourir de honte
Pendant la moitié d'la nuit :
En s'mettant au lit l'brutal
Saute sur moi comme sur un ch'val,
Il me dit en m'étouffant
Qu'il va me faire un enfant.

Maman, jugez d'la bêtise
De ce bougre d'polisson !
Qui me r'lève ma chemise,
Et m'prend le cul sans façon,

Puis il m'empoigne les tétons,
Et veut me mordre les boutons,
La dessus j'lui fous un soufflet
Qui l'étend sur le chevet
Pour mettre fin à ses caresses,
Je m'dépêche de tourner l'dos,
Mais j'sens qui me frotte sur les fesses
Quelque choses d'assez gros ;
Sur cet insolent paquet
Je lâche un vigoureux pet,
Mon mari tout étonné,
Dabord se bouche le nez,
Mais le malin dans sa rage
Ne se tient pas pour battu,
Il dit qu'il faut qu'mon pucelage
Par Dieu d'amour soit vaincu.
Il m'allonge près du croupion
Une espèce d'cornichon,
Et m'dit en m'crévant l'anus
Qu'il agit au nom de Vénus,

Moi , sans fard , sans enveloppe ,
J'lui dis bougre de couillon ,
Ta Vénus est une saloppe .
Ton dieu d'amour un cochon,
S'voyant traiter de la sorte
Il dit qu'il s'est trompé de porte ,
Et veut m'fourrer son outil
Dans un trou qu'j'ai sous le nombril.
Mais finis donc imbécile ,
Sacré nom de dieu d'gredin ,
Si tu ne me laisse pas tranquille ,
J'vas pisser sur ton machin.
Loin d'mécouter il s'trémousse ,
Au lieu d'réculer il pousse ;
J'ai beau gueuler et souffrir,
Il soutient qu'ça fait plaisir.
Mais , c'machin s'change en lavette
Grâce au pouvoir d'la vertu ,
Et j'men tire quitte et nette
Avec un peu de col au cul,

S*...

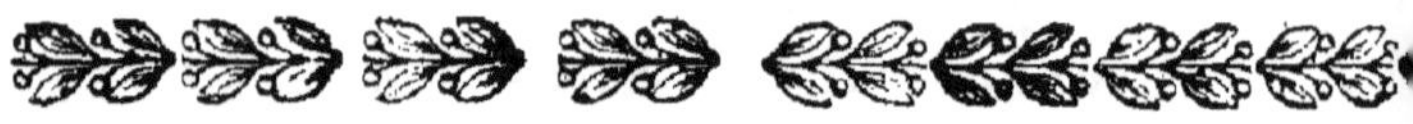

ENIGME.

Mon entier,

C'est chose étonnante,

De plaisir nous rend mon premier,

Quand l'occasion se présente,

Ne passons jamais mon dernier.

Je pine, je bois, je Censure
Et l'âme . . . .

LE PARADIS.

AIR : *On dit que je suis sans malice.*

Je suis danné la chose est sûre,
Je pine, je bois, je censure,
Et l'âme va tout de travers
Quand on sait aligner deux vers :
Ainsi la mienne est en otage,
Et n'a que l'enfer pour partage,
Mais je crains trop ces lieux maudits,
Et je me crée un paradis.

Je n'irai pas pêcheur imonde,
L'attendre hélas ! dans l'autre monde,

Non, sans sortir de mon quartier,
Je veux le trouver tout entier !
C'est là dans un fameux Bordelle ,
Près d'une franche maquerelle ,
De marlous , de ses rouchics
Que je trouve mon paradis.

Juifs et Persans , Maure ou Tartare ,
Tous entreront, je le déclare ;
Pour peu qu'ils aient bien la vertu
De foutre en con ! de foutre en cul !
Et tous les amateurs d'orgie ,
Les farceurs à face rougie ,
Enculons , soulards et bandits ,
Vont de droit dans mon paradis.

Je veux encore qu'une maxée
Près d'un saint Pierre soit placée ,

Que chacun vienne se ranger.

Près d'la Margot de Béranger :

Qu'on pine, qu'on boive, qu'on jure,

Que les cons, les vits, tout supure

Et que les gens les plus maudits

Soient les élus du Paradis.

Sur des culs on dira la messe.

On repondra sur une fesse,

Et les enfans de cœur bandant

Diront *Amen* en déchargeant !

Vieux, usés, s'il faut de la vie,

Faire la dernière folie,

Sachons tous crèver, mes amis,

Dignes en tout du paradis,

CHANSON DE NOCE ,

Qui se chante *impetto* , en chœur de farceurs
quand M. emmène Madame pour recevoir
le baptème conjugal.

AIR : *Amis la matinée belle.*

Amis là mariée est belle ,

Sa cuisse est ferme et son poil doux ,

On dit même qu'elle est pucelle ,

Pour un fouteur, ça vaut neuf coups ,

Si de baiser elle refuse ,

Mari ! prends plus bas

Le trou du cul ne t'échappera pas.

bis.

LA CHAMBRE DES DÉPUTÉS

OU LE RÊVEUR FOUTROMANE.

AIR : *Bonjour Mademoiselle.*

Tic , toc ,

Choquons nos vers ,

Tic , toc ,

La pine en main.

Je suis un franc prédicateur

Des joyeux enfans de Priape ,

Et je doute que l'on me happe ,

A mépriser un vrai fouteur.

Tic , toc ,

Choquons nos verres ,

Tic , toc ,

La pine en main.

Dans mes principes de vertu
Je crois dans ma philosophie
Qu'on doit ainsi passer sa vie
Le verre en main, la pine au cu !

Tic, toc,
Choquons nos verres,
Tic, toc,
La pine en main.

Messieurs, Messieurs, les députés,
Depuis janvier, jusqu'en décembre,
Quel mal prenez-vous à la chambre,
Vous ferez mieux si vous foutez.

Tic, toc,
Choquons nos verres,
Tic, toc,
La pine en main.

Au lieu de s'étendre , je crois ,
Sur la liberté , la nature ,
Vous feriez bien mieux , je jure ,
De vous branler tous à la fois.

Tic , toc ,
Choquons nos verres ,
Tic , toc ,
La pine en main.

Grand Dieu ! quel spectacle charmant ,
La tribune diplomatique
Devient un arène publique
Où l'on discute en se branlant.

Tic , toc ,
Choquons nos verres ,
Tic , toc ,
La pine en main.

Et puis par la même raison ,

Changeant de termes d'épigraphes ,

Maint journaliste-sténographe

N'emploie plus que le mot con (*) ,

Tic , toc ,

Choquons nos verres ,

Tic , toc.

La pine en main.

Le public se sentant bander ,

Pour ne pas rester en arrière

Se met à tourner le derrière ,

Et l'un par l'autre à s'enculer ,

Tic , toc ,

Choquons nos verres ,

Tic , toc ,

La pine en main.

* Allusion au mot conséquent.

Bref . dans cette confusion

Président, questeurs , secrétaire ,

Bourgeois , grands seigneurs , militaires ,

Se branlent en l'honneur du con ,

    Tic , toc ,

    Choquons nos vers ,

    Tic , toc ,

    La pine en main.

C'est un rêve , mais secredieux ,

Messieurs, Messieurs, des côtés ou du centre,

Au lieu de vous bourrer le ventre ,

Baisez , vous ferez beaucoup mieux ,

    Tic , toc ,

    Choquons nos verres ,

    Tic , toc ,

    La pine en main.

Le Gladiateur

............les nerfs tendus
L'œil animé, la pine dure.

LE GLADIATEUR.

AIR : *Du verre.*

On a donné plus d'un beau nom
Aux Hercules , dans leur posture ,
Chacun d'eux trouva son renom
Exprimé d'après la nature ,
Ainsi puisque l'on veut juger
Les gens selon et par leur mine ,
Je pense qu'on doit m'appeler
Le gladiateur à la pine ,   (*bis.*)

Si l'on dit vrai , de fiers Romains ,
Des gladiateurs invincibles

4.

Savait éventrer d'une main
Les athelètes les plus terribles .
Mais ce sont des objets plus doux
Que Vénus veut que j'extermine ;
Et l'on m'appelle par mes coups ,
Le gladiateur à la pine ,   (*bis.*)

Me voyez-vous les nerfs tendus ,
L'œil animé , la verge dure
M'lancer au milieu des culs
Pour voir triompher la nature,
Dans tous les culs , dans chaque cons
J'entre , je sors , et je termine
D'acquérir le suberbe nom
Du gladiateur á la pine ,   (*bis.*)

JULES **N.**

LA BONNE AUBAINE.

AIR : *Un Gentil Troubadour qui chante et fait la guerre.*

Un gentil foutassin
  Qui fit pauvre campague ,
S'en revenait d'Espagne
  Pensant â sa catin ,
  Gages d'une valeur ,
  Et calme et peu farouche ;
  Sa blague et sa cartouche
Se croisaient sur son cœur.

Il rencontre en chemin
Gaillarde vivandière ,

Qui voyage bien fière ,
Un bidon à la main ;
Elle filait à pied ,
Par un'chaleur indigne ,
Au cinquième de ligne
Rejoindre son troupier !

Ne me r'connais-tu pas ,
Lui dit le militaire.
— Toi , dit la vivandière ,
Tu veux m'pincer un r'pas.
— Tais-toi , lui dit l'Français ,
Ou j'vas, si tu radotes ,
T'allonger des calottes.
— Ah ? je te reconnais.

Un repas où le vin
Soula nos deux canailles .

Devint des fiancailles
Le splendide festin ;
Puis notre champion
Emmène la donzelle
Dans le prochain bordelle ,
Consommer l'union.

..Car tous les jours je prends ton cul
Et je ne puis prendre la lune!

LE CUL ET LA LUNE.

AIR : *L'Astre des nuits.*

Oui ma Zoé, la lune dans son plein,
De ton beau cul est le parfait modèle ;
La lune est blanche, et ton cul de satin
Est aussi blanc, tout aussi joufflu qu'elle ;
Mais si de la lune ton cul
Avait la hauteur importune ,
Je serais un homme perdu
Car tous les jours je Prends cul ,
Et je ne puis prendre la lune.

LA MALADIE DES DIEUX.

AIR : *Allez prendre les eaux d'Enghien.*

La vérole affreuse et cruelle !
Se déclare au divin séjour,
C'est Hébé qu'on croit sage et belle,
Qui l'apporte à la noble cour,
D'une chaude-pisse cordée
Jupiter ressent les attraits,
Et Diane s'est décidée
Au rob du docteur Saint-Gervais.

C'est un enfer tant de vacarmes,
Provenant de leurs douleurs,

Au lieu de ris ce sont des larmes ,

Maître Apollon a des choux-fleurs :

D'une superbe gonorrhée ,

Junon anssi se plaint *ad-hoc* ,

Mars souffre d'une blennhorrée ,

Momus a des crètes de coq.

Minerve même est allitée ,

Et l'onguent gris en friction

De son affaire , hélas gâtée !

Fait déguerpir les morpions ,

Le rob anti-siphilitique ,

Est le nectar journalier,

Momus aussi devient étique ;

Esculape est chez Cullerier,

Pluton se damne , et souffre , et jure

Son gland est gros comme mon poingt,

Et la maladie chez Mercure ,
Est arrivée au premier point :
Comus passe à la casserole ,
Vulcain a les os gangrénés,
Zéphire supure quand il vole ,
Et Pomone a des boutons au nez !

Le fils des Dieu , le grand Hercule !
Souffre d'un vigoureux poulain ,
Quand Flore approche , l'on recule ;
A l'odeur que rend son vagin ,
L'amour se plombe et se chagrine
Vénus a des chancres aux seins,
Et Neptune a la cristalline ,
Tout l'Olympe est aux Capucins.

CHARADE

L'Eglise me proscrit , et le mortel m'adore ,
Tous mes liens de fleurs se brisent quand je veux.
On retrouve chez moi tout ce qu'un homme honore
Et ce qu'aiment surtout, un bon nombre d'entr'eux ;
Ces deux sujets divains qui charment l'existence
Ne font pas tout mon nom , j'y joins un mot latin ;
   Bref , pour arriver à la fin ,
Ce qu'à l'agriculteur, ordonne la science
   Qu'il doit observer de si près ,
   Et puis ce que surtout en France ,
   Une femme ne dit jamais.

Mon braquemart dur et luisant
entre et ressort à chaque instant.

LES CHERS AMOURS.

AIR :  *Dormez mes chers amours.*

Jouissez mes chers amours,
Pour vous je banderai toujours !

Vos yeux se ferment doucement ,
Je vais piner plus lentement ,
Heureuse d'un tel mouvement ,
Puissiez vous donc être excitée
A piner toute la journée.

4*

Jouissez mes chers amours,
Pour vous je banderai toujours !

La pine au cul resterez,

Tant que vous le désirerez,
Et tandis que vous jouirez,
Dans ce vin qu'un fouteur adore ,
Je trouverai du foutre encore !

Jouissez , mes chers amours ,
Pour vous je banderai toujours !

Mon braquemart dur et luisant ,
Rentre et ressort à chaque instant ,
Et quand vous allez déchargeant ,
Votre paupière humide roule.
Et je vois le foutre qui coule ,

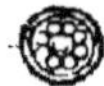

Jouissez , mes chers amours ,
Pour vous je banderai toujours !

CONTE EN VERS BLANCS.

Un jour à travers une grille ,

J'aperçus dans un coin ,

La fille à Thomas ,

La drolesse se faisait foutre

Par un bougre appelé...... Cristofle ,

J'étais ravi dans moi-même

D'une passion bien vive ;

Mais par aventure

Une voiture qui vient ,

Cela fit du bruit ,

Et la vieille portière

Se mit à crier :

Au viol !

Voilà le papa de la jeune beauté
En culotte de peau, qui veut tout savoir,
Qui fout d'abord,
Oui !
A Mademoiselle sa fille,
Un coup d'pied par l'nez,
Un coup d'main par l'cul,
En lui disant, mon cœur,
Rentrez chez vous
Foutue saloppe !

LE VIEUX RENTIER,

AIR : *Dis-moi, mon Vieux, dis-moi,* etc.

Te souviens-tu , disait à sa servant ,
Un vieux rentier jadis grand libertin ,
Comme autrefois ma mie était piquante ,
Mon jarret ferme et mon regard malin ,
De la beauté séducteur intrépide ,
Je courtisais le maigre et le dodu ,
Et sur l'article, oh ! que j'étais solide ,
Dis-moi Marton ! dis moi t'en souviens-tu !

Alors aussi ta mine était drolette ,
Tes tétons fermes et ton teint satiné ,

Ton cul surtout en forme rondelette ,
Par les amours paraissait dessiné ;
Plus d'une fois ma main dessous ta cotte
Tandis que l'autre écartait ton fichu ,
Je caraissais, je brandouillais ta motte ,
Dis-moi, Marton ! dis-moi , t'en souvins-tu

Branlant alors, d'une ardeur libertine
Partout j'aimais à te prouver mes feux ,
Et le grenier , la cave , la cuisine ,
Furent les témoins de nos ébats joyeux ;
Comme foureuse et bonne cuisinière ,
Tu savais bien , sans en perdre un fétu ,
Tourner la sauce et tourner le derrière ;
Dis-moi , Marton , dis-moi , t'en souvins-tu

Soit sur le dos , soit à la paresseuse ,
Je t'enfilais le matin et le soir,

Sur mes genoux , de ma flamme amoureuse,

En tricottant tu sentais l'arrosoir ,

Quand devant moi , tu levais la croupière

Pour enfiler un beau pigeon pattu

Au même instant je t'enfilais , ma chère ;

Dis-moi ; Marton , Dis-moi t'en souviens-tu !

Quand tu venais de frotter ma chambrette ,

Moi , je frottais tout tes appas secrets ;

Savonnais-tu ta fine collerette ,

Pour t'imiter, moi , je te repassais.

Quand tu venais d'épouster ma culotte ,

Tu te sentais trousser à l'impromptu ,

Pour mieux pouvoir te caresser la motte ,

Dis-moi , Marton, dis-moi t'en souviens-tu !

Ce temps heureux , plaisir que l'on adore ,

Vous avez fui : je ne peux plus baiser

En vain ta main veut m'enflammer encore
Mon pauvre enfant il faut y renoncer,
De rajeunir vainement on se flate ;
Et malgré tout l'elixir que j'ai bu ,
Lorsque je veux t'enfiler, je te ratte ,
Hélas, Marton ! pourquoi t'en souviens-tu

J. *des enfans de Priape.*

L'enfant de Cœur.

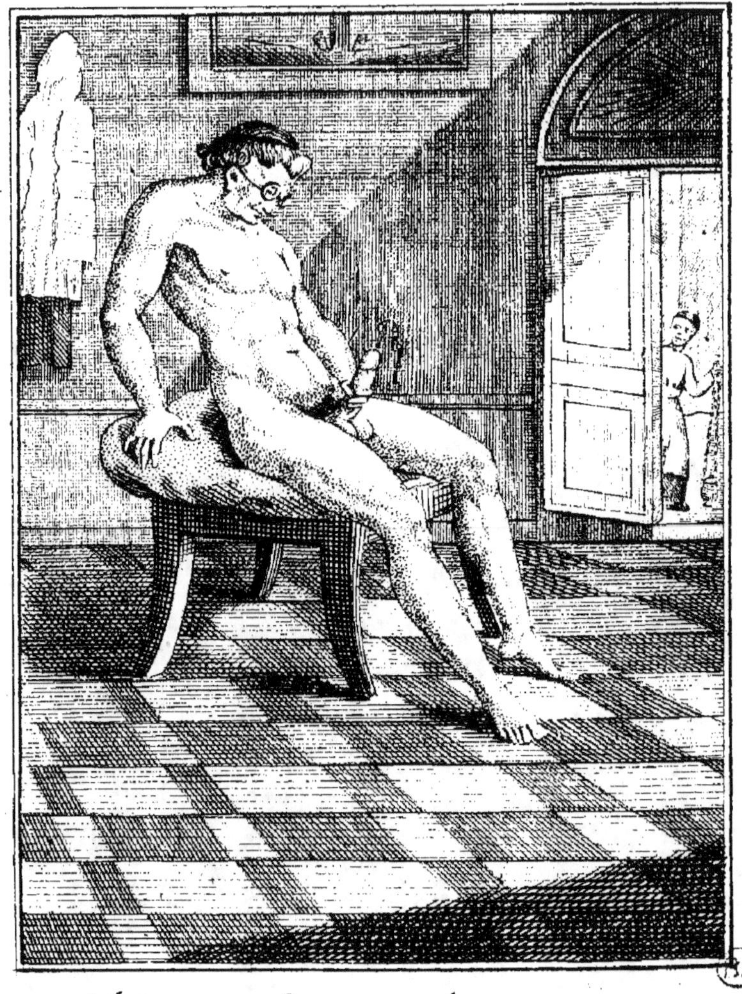

Mais voila que de son morceau
Il fait sortire un petit jet d'eau

LA SACRISTIE

ou

L'ENFANT DE COEUR.

AIR : *Alleluia.*

Monsieur l'curé l'on vous attend,
On a sorti l'Saint-Sacrement,
Et toutes les dévotes sont là,
    Alleluia.

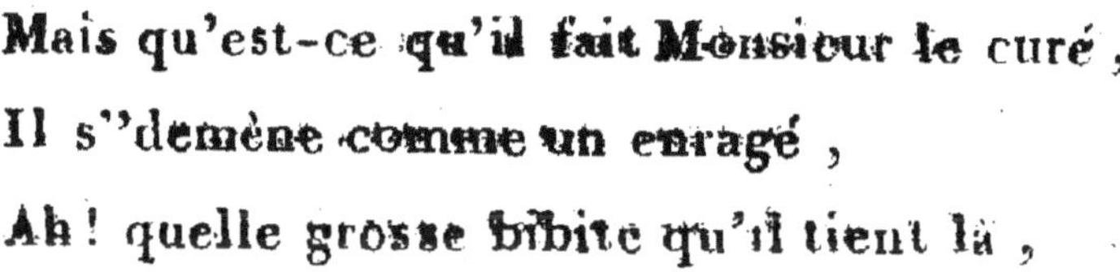

Mais qu'est-ce qu'il fait Monsieur le curé,
Il s''demène comme un enragé,
Ah ! quelle grosse bibite qu'il tient là,
    Alleluia.

Il est rouge comm' l'démon ,
Il parle de cul , de pine , dé con ,
Qu'est-ce c'est que c'latin là ,
    Alleluia.

Il dit qu'il suit l'vœu du désir,
Que voilà le moment du plaisir,
Il faudra que j'me s'coue comme ça ,
    Alleluia.

On va sortir de saint lieu ,
Pour célébrer la Fête de Dieu ,
Est-ce qu'il ira dans c'costume là ,
    Alleluia.

Il dit que les anges maudit
Sont plus heureux qu'en paradis
Parc'qu'en enfer on pinera ,
    Alleluia.

— 59 —

Qu'il va renvoyer son sonneur,
Et que comme maint prédicateur,
C'est un con qui le servira !
        Alleluia.

Qui ira du soir au matin,
Foutre en con et sabler du vin,
Et r'merciera celle qui l'damnera,
        Alleluia.

Ah grands dieux ! v'la que d'son morceau
Il fait sortir un p'tit jet d'eau,
Et qu'il s'pâme après cela !
        Alleluia.

C'est tout d'même drôle en vérité,
Et ce soir étant alité
J'remurai ma bibite comme ç'à
        Alleluia.

Monsieur l'curé l'on vous attend,
On a sorti l'Saint-Sacrement,
Et toutes les d'votes sont là ,
Alleluia.

L....

ÉGNIME.

Le matelot, quand Neptume tranquille,
Retient les dangers, rend la vague docile,
Se plait à s'endormir, bercé sur mon premier ;
Quand je cache le nom de celle que j'adore,
Vous avez mon dernier,
Heureux cent fois si vous pouvez encore,
Ami, lecteur, visiter mon entier !

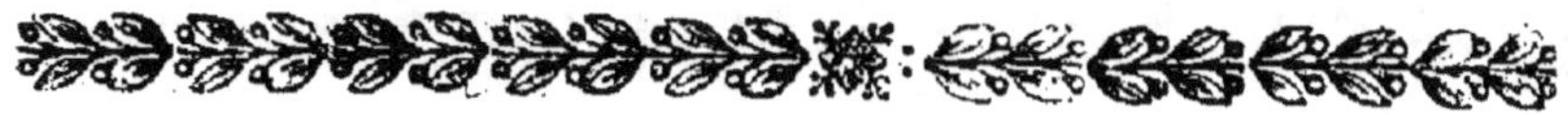

LE VOYAGEUR COSMOPOLITE.

AIR : *Vite en route, coûte, qui coûte.*

Oui, c'en est fait mes chers amis,
Pour toujours je quitte Paris,
Les vits sont courts, et tous molasses,
Plus de couilles grasses,
Ah je rendrais gráces
A qui m'aura dit
Le peuple du gros vit.

Vite en route,
Coûte qui coûte,
Vite en route
Pour ce ce pays.

Où l'on foutra sans s'étonner ,

Dix bons coups et sans déconner,

Où l'homme loin de perdse haleine ,

Sans être à la gêne ,

Toute la semaine

Boirait et rirait ,

Mangerait et foutrait ,

Vite en route ,

Coûte qui coûte ,

Vite en route

Pour ce pays.

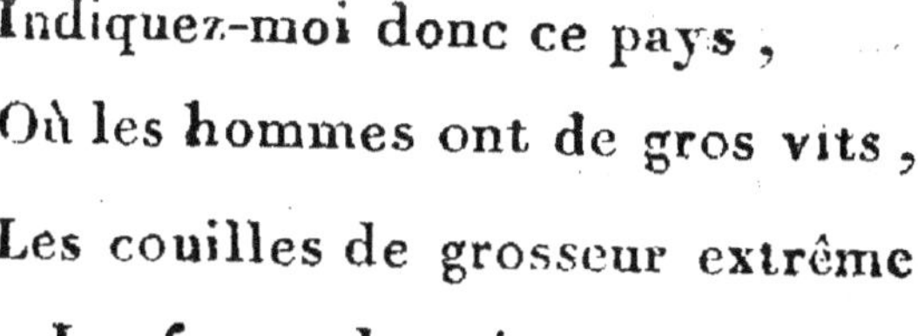

Indiquez-moi donc ce pays ,

Où les hommes ont de gros vits ,

Les couilles de grosseur extrême ,

Les fesses de même ,

Voilà ce que j'aime ,

Et foutant en con ,
En cul , fesse et téton,

Vite en route ,
Coûte qui coûte ,
Vite en route
Pour ce pays.

Si pour prix de tous nos péchés
Aux enfers nous sommes envoyés,
Moi , je me fais foutre en derrière ,
Par le chien Cerbère ,
Puis encore j'espère ,
Avec son aviron ,
M'faire brander par Caron.

Vite en route ;
Coûte , qui coûte ,
Vite en route
Pour ce pays.

Ainsi quel que soit le pays ,

Ciel , terre , enfer ou paradis ,

Pourvu qu'on foule, que l'on pille ,

Que l'on s'extermine ,

Chacun le devine ,

Le plus grand plaisir

C'est de pouvoir jouir:

Vite en route ,

Coûte , qui coûte ,

Vite en route

Pour ce pays.

Soit en tétons, soit en cul, en aisselle
Je fous, toujours! ......

L'ENFANT DE PRIAPE.

AIR : *Des Comédiens.*

Lève les yeux , regarde moi , ma chère ,
Viens de ma pine admirer la couleur,
Je suis bien long , mais enfin je l'espère
Je ne suis pas encore à faire peur.
J'ai le vit dur et le poil un peu rude ,
La chair brûlante , et les couillons très-frais ,
Foutre beaucoup voilà mon habitude ,
Et suis bondit à quelque chose près.

Je ne veux pas qu'une femme me mène ,
Aussi morbleu lorsque sur ses appas ;

Sur son corps blanc ma pine se promène ,
Le foutre suit la trace de ses pas ,
Soit en tétons , soit en cul en aisselle ,
Je fous toujours , heureux lorsque je puis
Trouver encore une route nouvelle
Où les amans n'ont jamais été pris.

Bref , je le dis dans ma philosophie ,
Je passe , amis , et la nuit et le jour ,
A réparer de ma fouteuse vie
Les durs échecs que lui porte l'amour.
Lève les yeux regarde-moi ma chère ,
Viens de ma pine admirer la couleur ,
Je suis bien long , mais enfin je l'espère ,
Je ne suis pas encore à faire peur.

CHANSON DE BORDEL.

Qui se chante *crescendo*, par un chœur de Fouteurs, à la suite d'une *chicorée*, quand le *marlou* a baisé sa *rouchie*.

AIR : *Amis la matinée est belle* (*Mazaniello*).

Alose, la rouchie, est molle,
Son con est large et son cul mou,
Même on dit qu'elle a la vérole,
Vite en avant pine marlou ;
Aimes-tu mieux la cristaline,
Marlou ! prends plus bas,   } (*bis.*)
Alors le plomb ne t'échappera pas.

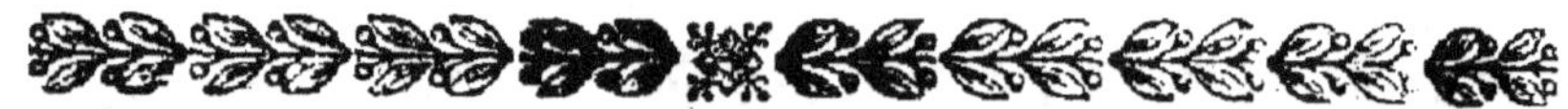

VRAIE CATIN.

AIR : *Vivandière du régiment.*

Vrai salope de régiment ,

C'est catin qu'on me nomme ,

Je bois , je suce , et donn'gaîment

Le foutre et le rogome ,

J'ai l'cul bien ferme et p'tit vagin ,

Tin , tin ,

J'ai l'cul bien)erme et p'tit vagin ,

Je suis une vrai' catin

La Catin de monsieur Béranger,

N'est qu'une saint ni touche ,

Ç'a n'a jamais fait dégorger
De pine dans sa bouche ,
Un verre d'eau-de-vie m'rince l'garguin,
    Tin, tin ,
Un verre d'eau-de-vie m'rince l'garguin ,
   Je suis une vrai' catin !

Elle se vante d'avoir pu branler
Un sacristain tout blême ,
Moi , je me suis fait enculer
Par le Saint-Pèr' lui-même ,
Quell'pine il avait ! quel angin ,
    Tin , tin ,
Mais il a béni mon vagin ,
   Je suis une vrai' catin.

A Pantin dont elle parle tant ,
Comme elle j'fus humaine ,

Et l'élite de chaque régiment ,

M'passa sur la bedaine ,

Cavalier ou bien fantassin ,

Tin , tin ,

Me trouvaient gratis sur l'chemin ,

Je suis une vrai' catin !

La Russie où furent s'enfoncer

Les soutiens d'la patrie ,

Plus qu'elle je sus réchauffer

Notre armée engourdie ,

A grands coups d'cul , à grands coups de main,

Tin , tin ,

Moi , je dégelais chaque engin ,

Je suis une vrai' catin.

Si l'ennemi doit recevoir encore

Une pile de la France ,

Mon cul qui fait mon seul trésor,
Je le donne d'avance,
En offran le à ou libertin,
Tin, tin,
Qui r'viendra la victoire en main,
Je suis une vrai' catin !

A. *du Caveau moderne.*

... le long du mur
Poussant son vit dur....

LE BON ROI D'AGOBERT.

AIR : *Connu.*

Le bon roi d'Agobert

Faisait tout ! hélas ! à l'envers,

Le grand St-Eloi

Lui disait mon roi ,

Votre Majesté

S'est encore trompée ,

Eh bien lui dit le roi ,

Quand je me trompe r'tourne-moi.

Le grand roi d'Agobert,

Venait d'chier à l'envers,

Le grand Saint-Eloi

Lui dit ô mon roi,

L'étron d'votr' majesté

A l'envers est tombé,

Eh bien lui dit le roi !

Que ton nez le r'mette à l'endroit.

Le grand roi d'Agobert,

Enfilait sa femme à l'envers,

Le grand Saint-Eloi

Lui dit ô mon roi !

Votre majesté,

Vient de l'enculer,

C'est vrai lui dit le roi

Je vais lui remettre à l'endroi

Puis, le roi d'Agobert,
Au lieu de le mettre à l'envers,
Vers le long du mur,
Il pousse son vit dur,
    Dit à Saint-Eloi,
    Qu'en dis-tu, je vois,
Que vous l'avez, grand roi,
Mis cette fois bien à l'endroit.

C.........

LA BOUGIE DE NOEL.

A Pise, ville d'Italie ,

Habitait un certain Joseph d'Alcantaris ,

Jaloux de sa moitié jusqu'à la frénésie ,

Le fait n'est étonnant , Italiens maris

Sont sujets comme on sait à visions cornues ,

Celui-ci , galant autrefois ,

Savait sur le bout de ses doigts ,

Les rubriques d'amour, même les moins connues.

Pour mettre donc en sûreté ,

Son honneur ou plutôt celui de son épouse ,

Ceintures de virginité

Vinrent s'offrir à son âme jalouse !
Mais c'était peu pour lui , les plus forts cadenas ,
Pour garder ce trésor font en vain résistance,
Le drôle le savait , et par expérience :

    Voici donc ce qu'il fit pour éviter le cas ,
    Il joignit à cette ceinture ,
Vers l'endroit dangereux , deux lames de rasoir,
Deux ressorts les faisaient mouvoir ,
Qui , dès qu'on les lâchait, refermaient l'ouverture.

    La femme à peine eut reçu ce présent ,
Qu'un billet de sa part en avertit l'amant :
L'amant arrive ; il court dans les bras de sa belle
Par des baisers on prélude un moment ;
Mais las de ces faveurs qui croissent son tourment ,
Il en cherche une plus réelle .
Il découvre à son gré la porte des plaisirs ,
Et l'obstacle ne fait qu'irriter ses désirs.
Le serpent , qui tenta notre divine mère ,
Se réveille d'abord à ces objets charmeus

Et leur fait inventer dans ces heureux momens
Les moyens de se satisfaire ,
Des deux ressorts , la belle tenait un ,
L'amant retenait l'autre et dans cette aventure ,
Le serpent sans trembler saisit la conjecture ,
Et se plonge à l'instant avec vivacité,
   Dans le sein de la volupté :
A cette douce approche on s'emporte , on s'oublie ,
On est prêt à perdre la vie ,
On ne pense plus mais on sent ,
Et dans cet effort si puissant
Le serpent se trouva la funeste victime
Des rasoirs échappés , et cet endroit si beau ,
Trône de ses plaisirs en devient le tombeau.
Au cris de l'homme accourt la soubrette tremblante
Elle emmène l'amant tandis que son amante
Ignorant du serpent les cruels déplaisirs ,
Jouit confusément de ses derniers soupirs.
   Il fallait tirer le serpent ,

Et l'embarras était comment.

Un tire-bourre en fit heureusement l'affaire.

L'animal encore furieux ,

Ne sortit qu'avec peine écumant de colère ,
Quoiqu'il eut les larmes aux yeux.

Sur le lieu de la sépulture,

Il fut question d'opiner;

La dame paraissait inclinée à le garder,

La servante disait que ce serait folie ,

Et que bien n'était de l'embaumer

Tels animaux étant communs en Italie ;

Par la fenêtre enfin elle le fit passer.

Une vieille dévote en allant à l'église ;

Car c'était , m'a-t-on dit , Noel le lendemain ;

Trébuche et laisse échapper de sa main

La lanterne qu'elle avait prise.

La nuit était obscure, autour elle tâtonne ,

Sa main tombe sur le serpent ,

Pour sa chandelle elle le prend .

Le met dans sa lanterne ; ainsi Dieu n'abandonne
Ses serviteurs , dit-elle , et sait les sécourir.

Elle arrive à l'église et dit les premières ,
Ce que par cœur elle sait de prières ;
Mais bientôt à son livre il lui faut recourir :
Elle met sa chandelle ès-mains de sa voisine ,
Jusqu'en celle du clerc elle parvient enfin ;
Il souffle sur la mèche , il se tourmente en vain ,
    Pour l'allumer, tant plus il l'examine ,
Plus ce qu'il tient lui paraît surprenant ;
Mais à la fin comprenant le mystère ,
A d'autres , cria-t-il d'un ton plein de courroux ,
Cette chandelle est faite à s'allumer chez vous :
Mesdames que chacun fasse son ministère ,

J. ROUSSEAU.

VERS A ÉMÉLIE.

Pope l'Anglais, ce sage si vanté,
Dans sa morale au Parnasse embellie,
Dit que les biens   les seul biens de la vie,
Sont le repos, l'aisance et la santé.

Il s'est trompé, les plaisirs de Vénus
Sont les premiers, sans eux, point de bonheur,
On le ressent aux mouvemens du cœur,
Ql'on est bien à plaindre quand on ne bande pas.

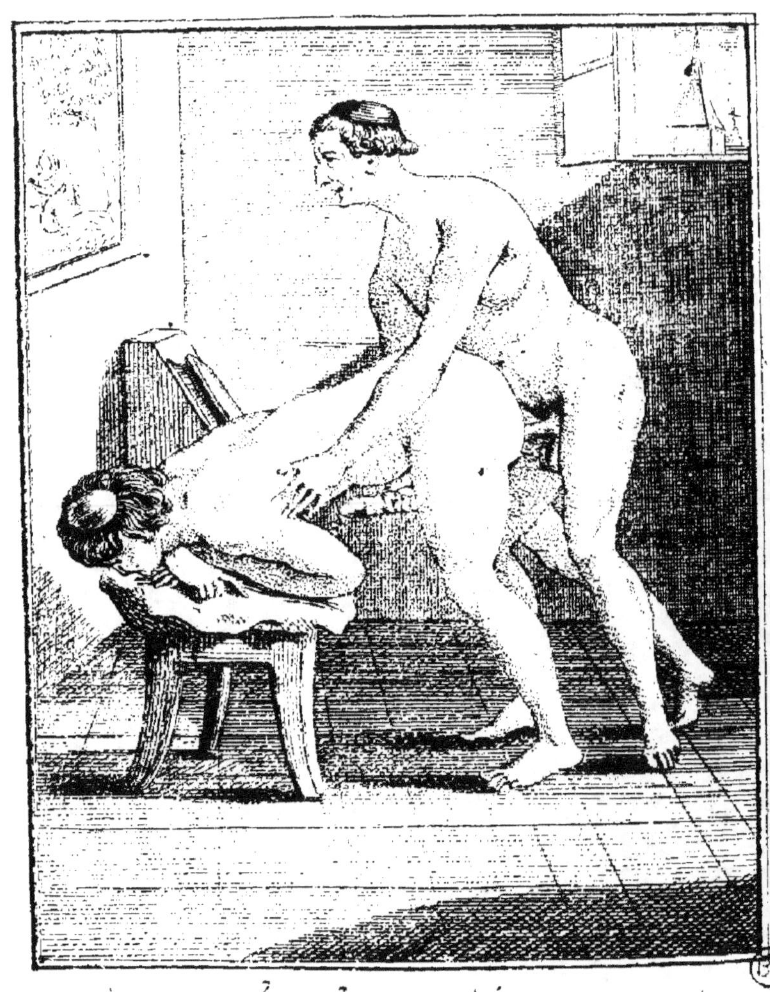

Aussi le fin Missionnaire
Au con préferoit-il le cul.

LE PASSE TEMS DE MONTROUGE

ou

LES DISCIPLES DE LOYOLA.

Air : *de la pipe de tabac.*

———

Le cul est une bonne chose ,
Rien d'utile comme le cul ,
C'est sur le cul qu'on se repose ,
On se rafraichit par le cul ,

8*

Femme rit quand on lui propose
De lui prendre un instant le cul,
Et de son cœur si l'on dispose,
On le doit souvent à son cul. (*bis.*)

Au séminaire de Montrouge ,
Dieu , comme on s'occupait du cul ,
Chacun des jesuites tout rouge ,
Adressait son hommage au cul ,
Et se foutant de perdre l'âme ,
Chacun en amateur de cul .
Loin de jouer au trou Madame ,
Jouait toujours au trou du cul.

Les dévotes ont d'ordinaire
Le con usé mais un beau cul ,

Aussi le fin missionnaire,
Au con préférait-il le cul,
Enfans de chœurs, bedeaux ou Suisses,
Au cloître ne rêvent que cul,
Et tous leurs vits ont la jaunisse,
A force de frotter le cul.   (*bis.*)

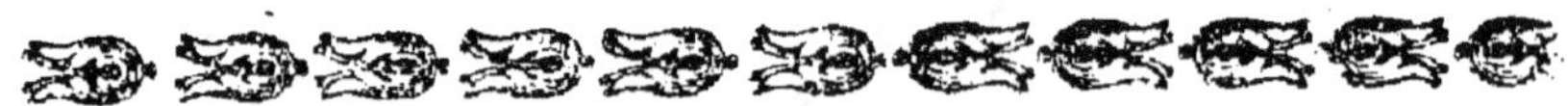

LE VRAI BONHEUR.

Air : *Il faut quitter ce que j'adore*
(du Juckei).

Mainte femme ici bas demande ,
Ou la richesse , ou la grandeur,
Moi, je sens que l'homme qui bande
A seul quelques droits sur mon cœur :
Au foutre les grands de la terre ,

Tout homme est égal à mes yeux ,
Et celui-là que je préfère
C'est celui qui me fout le mieux.

Le foutre est mon bonheur suprême ,
Jouir est ma première loi ,
Et le vit de l'homme que j'aime ,
Fut toujours un sceptre pour moi ,
Du ciel avec grand étalage ,
On vante le bonheur constant ,
Ce bonheur ne vaut pas , je gage ,
Celui que je goute en foutant.

Du Dieu qui gouverne la terre ,
Si j'avais un instant les droits ,

Je m'en servirais pour me faire
Un vit de chacun de mes doigts ;
Et pour contenter mon envie
Je voudrais avant de mourir,
Foutre mon sang, foutre ma vie
Et foutre mon dernier soupir.

Par l'Enfant du Bordel.

CHANSON DE VILLAGE

Air : *C'est un enfant.*

———

Un jour Lucas dans la prairie,

Où son bétail était paissant,

Disait à la jeune Sylvie :

Savez-vous bien ma belle enfant,

Ce qu'une Bergère,

En tout temps préfère,

9

A l'argent, à l'or, à l'esprit !
  C'est un gros vit.   (bis.)

Hélène , votre camarade ,
Aime les femmes : c'est fort mal ;
Car, croyez-moi , d'une tribade ,
Tôt ou tard le sort est fatal.
Ah ? réponds Sylvie ,
Je plains mon amie ;
Et je préfère pour outil ,
  Un bon gros vit,   (bis.)

Lucas pour ne pas être dupe
Vas se mettre auprès du tendron ;
Lestement relève sa jupe

Et lui met son vit dans le con.

La belle se pâme,

Et du fond de l'âme ,

Tout en déchargeant elle dit :

Vive un gros vit.   (*bis.*)

A. de C.

AMOURS DE FEMME,

(GEORGE ET RAUCOUR).

AIR : *Il me faudra quitter l'empire.*

Quittons les pompes de théâtre ,
Viens dans ce boudoir enchanteur,
De ton sein , de ton corps d'albâtre ,
Me faire admirer les douceurs !
— Et toi , tes formes élégantes ,
Tes contours purs et gracieux ,
M'énivreront , soyons amantes !
Et goûtons le plaisir des cieux.

Georges et Rocouv

Et de nos levres demi closes
S'échaper le feu de l'amour.

Que l'homme souverain et maitre
Implore un seul de nos plaisirs ,
Sans les contenter faisons naitre
Les feux, les tourmens des désirs ,
Et pour mieux leur porter envie ,
Sans soins , sans effor s su perflus ,
Que notre seule jalousie
Soit à qui jouira le plus-

Femmes qui faites votre idole ,
D'un vit d'homme , ah ! quelques instans ,
Venez, venez , à notre école ,
Admirez ce groupe charmant ,
Venez voir nos lascives poses ,
Remarquer l'élégant contour.
Et de nos lèvres demi-closes
S'échapper le feu de l'amour.

A nos sens, nos cœurs seuls répondent ,

Nous éprouvons , de doux émoi ,

Bientôt nos âmes se confondent ,

Et l'œil s'humecte malgré soi.

Un doux frisson parcourt notre être ,

Et nos clitoris agités ,

Pour nous seules toujous font naitre ;

Des jours entiers de volupté.

Z. de .....

ENIGME.

Je suis une plaisante chose ,
Qui peut avoir environ
De six à sept pouces de long ;
Je ne sers pas ; quand on repose ,
Quand je pend , je suis hors d'emploi ;
Dès qu'on veut se servir de moi ,
Alors une main féminime
Me prend , me secoue , me badine ;
Puis après le jeu me conduit ,
Dans une fente fort humide ,
Comme en mon naturel réduit :
Là, j'entre autant que l'on me pousse,

9*

Après mainte et mainte secousses ,

Si l'on me retire dehors

Je suis tout mouillé quand je sors.

C'est par ce plaisant exercice

Qu'au genre humain je rends service,

Mais si par malheur rebuté

Ou trop vainement excité

On ne peut me mettre en usage ;

C'est alors grand bruit au ménage.

Oh vous tous , qui lisez ceci ,

Si vous me devinez, vous pouvez sans mystère

Me nommer, car de moi vous vous êtes servi.

LE SUCEUR,

Air : *Verse ! verse ! encore !*

Suce ! suce ! décalotte ,
  Suce ! suce ! mon engin ,
  Suce ! suce ! décalotte ,
    Ma calotte ,
    Calottin.

Le vin est-il préférable ,
A ce jus plein de douceur ,

Et le plaisir de la table

Vaut-il celui d'un suceur :

Ah ! son plaisir est extrême ,

Sur terre il se croit aux cieux,

Et le foutre c'est la crême ,

Qu'ont sert au banquet des dieux ;

Ah ! pour calmer l'ardeur qui me dévore ,

Suce , suce encore   (*bis.*)

Jusqu'à demain ,

Suce ! suce ! suce ! décalotte ,

Suce ! suce : mon engin ,

Suce ! suce décalotte ,

Ma calotte ,

Calottin.

De pénitentes jolies

J'ai surpris tous les secrets ,

De leur singulière vie

J'ai compris tous les attraits ;

A des mots de fouterie ,

Répondre par sa vertu :

Et parler philosophie ,

Quand on veut parler de cul !

Ah ! pour calmer l'ardeur qui me dévore ,

    Suce encore   (*bis.*)

     Jusqu'à demain.

    Suce ! suce ! suce décalotte ,

    Suce ! suce , mon engin ,

    Suce ! suce décalotte ,

Ma calotte ,

Calottin.

Suceur que ta conscience,

Du jeu ne s'allarme en rien ;

Car nous avons la science

De changer le mal en bien ,

Pour nous autres gens d'église ,

Grace à nos pouvoirs secrets ,

Les péchés , sont quoi qu'on dise ,

Aussitôt remis que faits :

Ah ! pour calmer l'ardeur qui me dévore .

Suce encore   (bi.)

Jusqu'à demain ,

Suce ! suce ! suce ! décalotte
Suce ! suce ! mon engin ;
Suce ! suce ! décalotte ,
Ma calotte ,
Calottin.

PINEZ DONC!

PHILOSOPHIE

DE

GARCE.

Air : *C'est charmant.*

Pinez donc ! (*bis.*)
Fillettes et garcons ,
  Pinez donc ! (*bis.*)
Bons et francs lurons ,
  Pinez donc ! (*bis.*)
Trop sages tendrons
Le foutre ! c'est si bon !

Venez donc
fillette et garçon !

Pourquoi s'faire prier,
Pourquoi s'dégoûter,
Parce qu'un con supure ,
L'vit supure aussi.,
Et je suce un vit,
C'est la loi de la nature !

    Pinez donc !   (*bis.*)
  Fillettes et garçous ,
    Pinez donc !   (*bis.*)
  Bons et francs lurons
    Pinez donc !   (*bis.*)
  Trop sages tendrons ,
    Le foutre ! c'est si bon !

L'papa , la maman
Surtout vous défend .

De prendre un peu d'jouiss'rie ,
Si les deux cocus
N'avaient pas foutus
Seriez-vous là , j'vous prie.

Pinez donc !   (*bis.*)
Fillettes et garçons ,
Pinez donc !   (*bis.*)
Bons et francs lurons ,
Pinez donc !   (*bis.*)
Trop sages tendrons
Le foutre ! c'est si bon !

Des prédicateurs ,
Fuyez les douceurs ,
A la première vue ,
Que vous dit la catin ,

Qui soir et matin
Se promène dans la rue ?

    Pinez donc !   *(bis)*
  Fillettes et garçons ,
    Pinez donc !   *(bis.)*
  Bons et francs lurons,
    Pinez donc !   *(bis.)*
  Trop sages tendrons
  Le foutre est si bon !

JADIS ET AUJOURD'HUI,

OU

LES REGRETS D'UNE MAQUERELLE.

Air : *c'était de mon tems* (**Béranger**).

Sur tous les boxons

L'mien avait la préférence ;

Les culs et les cons

Etaient retenus d'avance :

Comtes et marquis

Apportaient leurs vits ,

Que de foutre au culs de mes garces ,

Ah chez moi qu'on faisait de farces !

    J'avais , nom d'un chien ,

  Un superbe bousin !

1*

Un amant discret
Chez moi venait-il en passe,
Dans l'con d'son objet
Il dégorgeait sa limace,
Et puis en sortant
Il payait comptant,
Il payait même la serviette,
Tout, jusqu'à l'eau de la cuvette ;
J'avais, nom d'un chien,
Un superbe bousin !

Jadis, pas un con,
Ne rapportait à la caisse,
Moins d'un ducaton,
Maintenant ils sont à la baisse,
L'miché crasseux,
N'est plus généreux,

A pein' s'il paye la chandelle,
J'n'en veux plus, foi de maqu'relle,
    Et d'main, nom d'un chien,
  Je ferme mon bousin !

Le commerce est mort,
Nous n'avons plus de pratiques ;
Qui nous fait du tort ?
Ce sont les filles de boutique,
L'soir, ell's font un quart.
Sur le boulevard,
Et plus d'une adroite coquine
Me souffle le prix d'une pine :
    Demain, nom d'un chien,
  Je ferme mon bousin !

Quand je songe aux frais
Que mon bexon nécessite,

J' crois , qu'si ça durait ,

Je déclarerais faillite ,

Mon pauvre maquereau

Va périr faut' d'eau !

Ah faut-il que cet homme aimable

Se trouve aujourd'hui sur le sable.

Demain , nom d'un chien ,

Je ferme mon bousin !

FIN.

TABLE.

FIN DE LA TABLE,